BEI GRIN MACHT SICH IHR WISSEN BEZAHLT

AF151583

- Wir veröffentlichen Ihre Hausarbeit,
  Bachelor- und Masterarbeit

- Ihr eigenes eBook und Buch -
  weltweit in allen wichtigen Shops

- Verdienen Sie an jedem Verkauf

Jetzt bei www.GRIN.com hochladen und kostenlos publizieren

Bibliografische Information der Deutschen Nationalbibliothek:

Die Deutsche Bibliothek verzeichnet diese Publikation in der Deutschen National-
bibliografie; detaillierte bibliografische Daten sind im Internet über http://dnb.d-
nb.de/ abrufbar.

Impressum:

Copyright © 2008 GRIN Verlag, Open Publishing GmbH
Druck und Bindung: Books on Demand GmbH, Norderstedt Germany
ISBN: 9783640512102

Dieses Buch bei GRIN:

http://www.grin.com/de/e-book/141456/programmierparadigmen-in-erlang

Christoph Pernsteiner, Holger Kreisel

Programmierparadigmen in Erlang

Ausgewählte Kapitel des Software Engineering

GRIN Verlag

GRIN - Your knowledge has value

Der GRIN Verlag publiziert seit 1998 wissenschaftliche Arbeiten von Studenten, Hochschullehrern und anderen Akademikern als eBook und gedrucktes Buch. Die Verlagswebsite www.grin.com ist die ideale Plattform zur Veröffentlichung von Hausarbeiten, Abschlussarbeiten, wissenschaftlichen Aufsätzen, Dissertationen und Fachbüchern.

Besuchen Sie uns im Internet:

http://www.grin.com/

http://www.facebook.com/grincom

http://www.twitter.com/grin_com

Ausgewählte Kapitel des Software Engineering

durchgeführt am
Institut für Wirtschaftsinformatik – Software Engineering
der Johannes Kepler Universität Linz

Programmierparadigmen in Erlang

T1

Holger Kreisel
Christoph Pernsteiner

Datum der Präsentation: 14.05.2008

Inhaltsverzeichnis

Abbildungsverzeichnis...3

Listingverzeichnis..3

1   Kurzfassung..4

2   Begriffsdefinitionen...5

3   Einleitung 6

4   Syntax..7

     4.1   Ausdrücke 7

     4.2   Variablen..7

     4.3   Atome...9

     4.4   Tupel 9

     4.5   Listen...10

     4.6   Module und Funktionen...11

     4.7   Error Handling 15

5   verfügbare Programmierumgebungen..17

     5.1   Standard-Programmierumgebung 17

     5.2   Erlide..17

6   Unterschiede zu weitverbreiteten Sprachen 19

7   Paradigmen in Erlang...20

     7.1   Ausgewählte Programmierparadigmen...20

     7.2   Realisierung von Paradigmen in Erlang 24

     7.3   In Erlang nicht realisierte Paradigmen...33

8   Allgemeiner Nutzen von Erlang...34

9   Literaturverzeichnis...35

Abbildungsverzeichnis

Abbildung 1: Klassifizierung von Programmiersprachen [Grabmüller 2003, S. 12] 20

Listingverzeichnis

Listing 1: Eine einfache Berechnung in Erlang   7

Listing 2: Zuweisung von Variablen mittels Pattern Matching   8

Listing 3: Anlegen eines Tupels, welcher mehrere Tupel enthält   9

Listing 4: Einsatz des Pattern Matching Operators zum Extrahieren von Werten 10

Listing 5: Einige Beispiele mit Listen   11

Listing 6: Definition einer Liste mit verschiedenen Figuren   12

Listing 7: Modul geometrie.erl   12

Listing 8: Kompilieren des Moduls geometrie und Test der Funktion flaeche() 13

Listing 9: Erweiterung des Moduls geometrie durch die Funktion totaleFlaeche() 14

Listing 10: Anwendung der Funktion totaleFlaeche()   14

Listing 11: Verwendung von case-Konstrukten in flaeche()   15

Listing 12: flaeche() mit Exceptions   15

Listing 13: Aufruf der neuen Funktion flaeche()   15

Listing 14: Funktion flaecheMitTryUndCatch()   16

Listing 15: Aufruf der Funktion flaecheMitTryUndCatch()   16

Listing 16: Pattern Matching in Funktionen [Armstrong 2007, S. 45]   26

Listing 17: Rekursive for-Schleife in Erlang [Armstrong 2007, S. 47]   26

Listing 18: Key-Value-Server, [Armstrong 2007, S. 170ff]   30

Listing 19: lokaler Testlauf des Servers   31

Listing 20: Start Node 1   31

Listing 21: Start Node 2   31

Listing 22: Nodes auf verschiedenen Maschinen   32

Listing 23: Testlauf KVS auf verteilten Rechnern   32

1 Kurzfassung

"Erlang ist eine nebenläufige und verteilte funktionale Sprache." [Sahlin 1996]

Die native Unterstützung dieser drei Paradigmen durch einfache und leicht erlern-
sowie anwendbare Sprachstrukturen machen die Programmiersprache Erlang zu
einem äußerst mächtigen Werkzeug wenn es darum geht, verteilte Anwendungen, die
durch viele leichtgewichtige Prozesse abbildbar sind, unkompliziert und sicher zu
realisieren.

Die Eigenschaft der Zustandsfreiheit, der prinzipielle Verzicht auf geteilten Speicher
und die Behandlung von Fehlern, die mittels Verbinden von Prozessen behandelt
werden können, stellen Funktionen zur Verfügung, welche die geforderte Sicherheit
verteilter Softwaresysteme auf relativ einfache Weise garantieren können.

Besonders im Hinblick darauf, dass Leistungszuwächse von Rechnern neuer
Generationen nicht auf schnellere einzelne Prozessoren sondern auf die Verteilung
der Rechenlast auf mehrere Prozessoren zurückzuführen sein wird, kann davon
ausgegangen werden, dass dieser Programmiersprache in naher Zukunft noch
bedeutende Relevanz zukommen wird.

2 Begriffsdefinitionen

Begriff	Erklärung
Endrekursion	Bezeichnet eine rekursive Funktion, bei der der rekursive Aufruf den letzten Befehl darstellt. Endrekursionen, auch repetitiv rekursiv genannt bieten Performancevorteile, da die Abarbeitung des nächsten Rekursionsschrittes keinen zusätzlichen Speicher am Stack belegt.
referenzielle Transparenz	Ein Wert eines Ausdrucks ist nur von seiner Umgebung abhängig und nicht vom Zeitpunkt des Aufrufs.

Tabelle 1: Begriffsdefinitionen

3 Einleitung

Die folgende Arbeit behandelt die Programmiersprache Erlang mit speziellem Augenmerk auf die Umsetzung der Paradigmen funktionaler, verteilter und nebenläufiger Programmierung in dieser Sprache.

Zu diesem Zweck wird in den einleitenden Kapiteln 4-6 die Sprache, ihre Syntax sowie Parallelen und Unterschiede zu bekannten Programmiersprachen vorgestellt.

In weiterer Folge werden in Kapitel 7 die für diese Sprache wesentlichen Paradigmen theoretisch behandelt. Abschließend werden die theoretischen Kriterien dieser Paradigmen mit der konkreten Umsetzung in Erlang verglichen.

Zum Abschluss der Arbeit wird der allgemeine Nutzen von Erlang im Hinblick auf die Anwendungsmöglichkeiten behandelt.

4 Syntax

Die Syntax eines Erlang-Programms unterscheidet sich in einigen Teilen sehr wesentlich von der Syntax konventioneller Sprachen wie C++ oder Java. Im folgenden Kapitel sollen auf die Grundstrukturen der Erlang-Syntax eingegangen und wichtige Sprachkonstrukte dargestellt werden.

4.1 Ausdrücke

Ein Erlang-Programm ist primär aus verschiedenen Ausdrücken aufgebaut. Ein Ausdruck in Erlang hat immer einen bestimmten Wert und wird mit einem "." als Trennzeichen beendet. Kommentare werden in Erlang dagegen mit einem "%"-Zeichen eingeleitet. Der folgende Erlang-Code soll dies verdeutlichen [vgl. Armstrong 2007, S. 14]:

```
1> % Es folgt nun Erlang Code für eine einfache Berechnung
2> 2 + 3 * 4.
14
```
Listing 1: Eine einfache Berechnung in Erlang

Zahlen können in Erlang entweder ganzzahlig (Integer) oder als Gleitkommazahl (Float) benützt werden. Für die Integer-Arithmetik benützt Erlang intern beliebig lange Integer. Dadurch wird das Problem eines Integer-Überlaufs ausgeschlossen.

4.2 Variablen

Variablennamen beginnen in Erlang stets mit einem Großbuchstaben und darauf folgend optional beliebig viele alphanumerischen Zeichen inklusive "_" und "@". Beispiele für gültige Variablennamen wären somit: Variable1, Meine_Zweite_Variable und Email@server_com.

Der erste wichtige Unterschied einer funktionalen Programmiersprache wie Erlang gegenüber konventionellen Programmiersprachen wie Java oder C++ wird bei den Variablen sichtbar. In Erlang können Variablen nur einmal mit einem Wert belegt werden. Ist der Wert einer Variable einmal festgelegt, kann er nicht mehr geändert werden. Dies hat den großen Vorteil, dass es keine Seiteneffekte durch veränderbare Variablen gibt, und sich Erlang Programme sehr einfach, parallel und über mehrere Systeme verteilt, ausführen lassen.

Eine Variable kann sich in den Zuständen ungebunden (noch kein Wert zugewiesen) und gebunden (bereits ein Wert zugewiesen) befinden. Alle Variablen sind anfangs in einem ungebundenem Zustand. Mittels Pattern Matching Operator "=" kann einer Variable ein Wert zugewiesen werden.

[Armstrong 2007, S. 18]. erklärt den Pattern Matching Operator im Zusammenhang mit der Zuweisung von Variablen folgendermaßen:

"Lhs = Rhs really means this: evaluate the right side (Rhs), and then match the result against the pattern on the let side (Lhs).

Now a variable, such as X, is a simple form of pattern. As we said earlier, variables can be given a value only once. The first time we say X = SomeExpression, Erlang says to itself, "What can I do to make this statement true?" Because X doesn't yet have a value, it can bind X to the value of SomeExpression, the statement becomes valid, and everyone is happy."

Der folgende Code soll dies weiter veranschaulichen [Vgl. Armstrong 2007, S. 19]:

```
1> % Zuweisung des Wertes 6 an die Variable X
1> X = 6.
6
2> % Zuweisung des Wertes 10 an die Variable Y
2> Y = 10.
10
3> % Test ob X wirklich 6 enthält
3> X =:= 6.
true
4> % Versuch den Wert 10 an die Variable X zuzuweisen
4> X = 10.
** exception error: no match of right hand side value 10
5> % Versuch den Ausdruck (2+4) an die Variable X zuzuweisen
5> X = (2+4).
6
6> % Versuch den Inhalt der Variable Y auf X zuzuweisen
6> X = Y.
** exception error: no match of right hand side value 10
7> % Versuch den Inhalt der Variable Y um 4 vermindert X zuzuweisen
7> X = Y - 4.
6
```

Listing 2: Zuweisung von Variablen mittels Pattern Matching

Besondere Bedeutung kommt den sogenannten anonymen Variablen zu, die mit "_" beginnen. Sie werden beim Pattern Matching als Wildcard verwendet.

4.3 Atome

Atome werden in Erlang benützt um verschiedenste konstante nicht-numerische Werte zu repräsentieren. Am ehesten lassen sich Atome mit Konstanten in C++ oder Java vergleichen. Der Wert eines Atoms ist das Atom selbst, d.h. das Atom "mai" trägt auch den Wert "mai".

Atome beginnen im Gegensatz zu Variablen mit einem Kleinbuchstaben und können, ähnlich wie Variablen, darauf folgend beliebig viele alphanumerische Zeichen inkl. "_" und "@" enthalten. Einige Beispiele für gültige Atome sind: atom1, blau, mai, true, false.

Den letzten zwei Atoms kommt eine besondere Bedeutung zu, denn Erlang kennt an sich keine booelschen Datentypen. Dieses Manko wird dadurch behoben, das stattdessen die Atoms true bzw. false benützt werden. Dies ist allerdings nur eine Konvention und sollte unbedingt von selbst geschriebenen Funktionen eingehalten werden.

4.4 Tupel

Tupel können am ehesten mit strukturierten Datentypen aus C verglichen werden. Sie werden immer dann benützt, wenn verschiedene Daten in einer einzelnen Entität zusammengefasst werden sollen. Tupel können ihrerseits auch wieder Tupel enthalten, wie der nachfolgende Code verdeutlichen soll [Vgl. Armstrong 2007, S. 24]:

```
1>%Anlegen eines Tupels mit verschiedenen Eigenschaften in der Variable Person
1>Person = {person,
          {name, joe},
          {height, 1.82},
          {footsize, 42},
          {eyecolour, brown}}.
```

Listing 3: Anlegen eines Tupels, welcher mehrere Tupel enthält

Die Werte eines Tupels werden also zwischen zwei geschweiften Klammern, und mit Beistrichen getrennt, angegeben. Das obige Tupel {person, ...} besteht selbst aus mehreren Tupel wie zB {footsize, 42}. Hierbei stellt das Atom footsize den ersten Wert des Tupels dar und 42 als Integer-Wert den zweiten Wert. Die Atome im obigen Code, werden verwendet, um die Lesbarkeit zu erhöhen, sie könnten aber auch weggelassen werden.

Um Werte aus einem Tupel wieder zu extrahieren, kann der Pattern Matching Operator verwendet werden, wie im Folgenden dargestellt wird:

```
2> {person,_,_,{footsize, X},_} = Person.
{person,{name,joe},
    {height,1.82},
    {footsize,42},
    {eyecolour,brown}}
3> X.
42
```

Listing 4: Einsatz des Pattern Matching Operators zum Extrahieren von Werten

Wie schon in einem vorhergehenden Kapitel erwähnt wird hier "_" als anonyme Variable verwendet, die wie ein Wildcard Operator funktioniert. Gleichzeitig werden die Atome person und footsize verwendet, welche auch mit den Atomen person und footsize in der Variable Person matchen. Der Variable X wird der Wert 42 aus dem Tupel {footsize, 42} zugewiesen.

4.5 Listen

Listen werden in Erlang benützt um eine variable Anzahl von Elementen zu speichern. Erlang speichert beispielsweise Strings als eine Liste von Integer-Werten die den ASCII-Codes der einzelnen Zeichencharakter entsprechen.

Eine Liste besteht in Erlang immer aus einem Head und einem Tail. Das erste Element wird als Head bezeichnet, während die übrige Liste den Tail darstellt. Listen werden dadurch erzeugt, dass die Listenelemente durch Beistriche getrennt in eckigen Klammern angegeben werden. Bei einer gegebenen Liste [1,2,3,4,5] wäre zB der Head der Integer 1 und der Tail die Liste [2,3,4,5]. Die kleinste Liste, ist die leere Liste []. Zur Erzeugung einer Liste kann auch der [... | Tail] Konstruktor verwendet werden, wie im nachfolgenden Beispiel unter anderem dargestellt wird:

```
1> % Erzeugung einer Liste mit den Werten 5 - 1
1> Liste5_1 = [5, 4, 3, 2, 1].
[5,4,3,2,1]
2> % Erzeugung einer zweiten Liste mit den Werten 1-10 mittels [... | Tail] Konstruktor
2> Liste1_10 = [10, 9, 8, 7, 6 | Liste5_1].
[10,9,8,7,6,5,4,3,2,1]
3> % Beispiel für einen String
3> String1 = [69, 114, 108, 97, 110, 103].
"Erlang"
```

```
4> % Herausholen des Heads der Liste 5_1
4> [X | Liste4_1] = Liste5_1.
[5,4,3,2,1]
5> X.
5
6> Liste4_1.
[4,3,2,1]
7> % Auch Tupel können in Listen verwendet werden
7> Einkaufsliste = [{bananen,1},{orangen,4},{brot,2}].
[{bananen,1},{orangen,4},{brot,2}]
8> % Diese Werte können wieder ganz einfach extrahiert werden
8> [{bananen, Anzahl_Bananen},{orangen, Anzahl_Orangen}|Rest] = Einkaufsliste.
[{bananen,1},{orangen,4},{brot,2}]
9> Anzahl_Bananen.
1
10> Anzahl_Orangen.
4
```

Listing 5: Einige Beispiele mit Listen

Listen sind der gebräuchlichste Datentyp in Erlang. Die Erlang Standardbibliothek unterstützt dies durch sehr mächtige und oft gebrauchte Listenfunktionen. Als Beispiel sei hier lists:map(f(), L) erwähnt, welche die Funktion f() iterativ auf alle Elemente der Liste L anwendet.

4.6 Module und Funktionen

Funktionen werden in Erlang in eigene Module gekapselt die vor dem Ausführen kompiliert werden müssen. Module enthalten neben den Funktionen einige wie zB welche anderen Module und Funktionen dieses Modul zur Ausführung benötigt (imports), und welche Funktionen dieses Modul anderen Modulen bereitstellt (exports). Darüber hinaus können in Modulen direkt verschiedene Compiler-Optionen gesetzt, die Version angegeben und eigene Attribute definiert werden. Erlang selbst stellt eine Reihe wichtiger Funktionen in Standardmodulen bereit zB Funktionen zur Ausgabe auf die Kommandozeile als auch, wie bereits erwähnt, Funktionen zur Bearbeitung von Listen.

4.6.1 Aufbau von Funktionen

Im folgenden Abschnitt soll nun eine eigene Funktion Schritt für Schritt entwickelt werden, welche aus einer Liste von verschiedenen geometrischen Figuren die Summe ihrer Flächen berechnet.

Als erstes werden wie folgt die Figuren und die Liste definiert:

```
1> % Die Ausgabe der Shell wird hier zur übersichtlicheren Dartstellung am Anfang
weggelassen.
1> Rechteck = {rechteck, 10, 5}.
2> Kreis = {kreis, 5.5}.
3> Quadrat = {quadrat, 4}.
4> Rechteck2 = {rechteck, 5, 4}.
5> Kreis2 = {kreis, 4.5}.
6> Quadrat2 = {quadrat, 3}.
7> Flächen = [Rechteck, Kreis, Quadrat, Rechteck2, Kreis2, Quadrat2].
```
Listing 6: Definition einer Liste mit verschiedenen Figuren

Als nächstes wird ein Modul "geometrie.erl" angelegt:

```
-module(geometrie).
-export([flaeche/1]).

% Jeweils eine eigene Funktion für jeden Typ von Fläche erzeugen.
% Der Typ wird über das Atom am Anfang des Flächentupels erkannt.

flaeche({rechteck, Laenge, Breite}) -> Laenge * Breite;
flaeche({kreis, Radius}) -> Radius * Radius * 3.14159;
flaeche({quadrat, Seite}) -> Seite * Seite.
```
Listing 7: Modul geometrie.erl

In den ersten beiden Zeilen werden über die Modulattribute "module" bzw. "export" der Modulname und die zur Verfügung gestellten Funktionen bekannt gegeben. Die Syntax flaeche/1 gibt den zu exportierenden Funktionsnamen (flaeche) und die Anzahl der Funktionsargumente (1 Funktionsargument) bekannt. Das aus anderen konventionellen Sprachen bekannte Überladen von Funktionen wird auch von Erlang unterstützt. Allerdings bestimmt in Erlang nicht nur der Typ der Argumente welche Funktion aufgerufen wird, sondern auch der Wert. Der obige Code definiert eine Funktion (flaeche) mit einem Argument (ein Tupel von verschiedenen Eigenschaften der Figuren) und ist folgendermaßen zu lesen:

- Wenn flaeche() mit einem Tupel bestehend aus dem Atom rechteck und 2 weiteren Attributen aufgerufen wird, weise den Variablen Laenge und Breite jeweils die Werte der Attribute zu und gib das Produkt aus Laenge * Breite zurück.

- Wenn flaeche() mit einem Tupel bestehend aus dem Atom kreis und einem weiteren Attribut aufgerufen wird, weise der Variable Radius den Wert des Attributs zu und gib den berechneten Flächeninhalt zurück.

- Wenn flaeche() mit einem Tupel bestehend aus dem Atom quadrat und einem weiteren Attribut aufgerufen wird, weise der Variable Seite den Wert des Attributs zu und gib das Produkt aus Seite * Seite zurück.

Eine Funktion wird also durch einen Funktionsnamen, einer beliebigen Anzahl an Argumenten und einem Funktionskörper gebildet. Die Funktionssyntax in Erlang ähnelt durch die funktionale Herkunft Erlang's dem Bilden von Funktionen in der Mathematik.

Das Semikolon am Ende der Funktionsdefinitionen, ist so zu verstehen, dass der Funktionsaufruf, entweder auf den ersten Ausdruck flaeche({rechteck, Laenge, Breite}), den zweiten Ausdruck flaeche({kreis, Radius}) oder dem dritten Ausdruck flaeche({quadrat, Seite}) matchen muss.

Zur Veranschaulichung dient der nachfolgende Code:

```
8> % Kompilieren des Moduls geometrie
8> c(geometrie).
{ok,geometrie}
9> % Berechnung der Fläche des Rechtecks in der Variable Rechteck2
9> geometrie:flaeche(Rechteck2).
20
10> % Aufruf der Funktion flaeche mit einem nicht definiertem Argument
10> geometrie:flaeche(122).
** exception error: no function clause matching geometrie:flaeche(122)
```
Listing 8: Kompilieren des Moduls geometrie und Test der Funktion flaeche()

Wie aus dem Code ersichtlich muss das Erlang Modul vor Benützung mit "c(modulname)." in der Shell kompiliert werden. Danach kann die Funktion über "modulname:funktionsname(argumente)." aufgerufen werden. Der nächste Schritt ist das Erweitern des Moduls um eine Funktion totaleFlaeche, welche die gesamte Fläche von Figuren in einer Liste berechnet. Dazu wird die Datei geometrie.erl folgendermaßen erweitert:

```
-module(geometrie).
-export([flaeche/1, total/1]).
-import (lists, [map/2, sum/1]).

% Jeweils eine eigene Funktion für jeden Typ von Fläche erzeugen.
% Der Typ wird über das Atom am Anfang des Flächentupels erkannt.

flaeche({rechteck, Laenge, Breite}) -> Laenge * Breite;
flaeche({kreis, Radius}) -> Radius * Radius * 3.14159;
flaeche({quadrat, Seite}) -> Seite * Seite.

totaleFlaeche(ListeVonFlaechen) -> sum(map(fun flaeche/1, ListeVonFlaechen)).
```

Listing 9: Erweiterung des Moduls geometrie durch die Funktion totaleFlaeche()

Durch das Attribut -import wird ein anderes Modul in das eigene Modul importiert. Damit muss der Funktionsaufruf einer externen Funktion nicht über „modulname:funktionsname" erfolgen. Es genügt, nur den Funktionsnamen anzugeben. Wie oben ersichtlich werden 2 Funktionen aus der Erlang Standardbibliothek importiert, die Funktion map() und die Funktion sum().

Wie bereits weiter oben erwähnt wendet die Funktion map() eine übergebene Funktion auf jedes Element einer übergebenen Liste an. Sie stellt eine sehr gebräuchliche und mächtige Funktion der Erlang Standardbibliothek dar. Das Schlüsselwort fun, gibt an dass als Argument eine Funktion verwendet wird. Die Funktion sum() bildet die Summe von allen Elementen einer Liste.

Die Funktion totaleFlaeche() kann nun auf die vorher definierte Liste angewendet werden:

```
11> % Neukompilieren des Moduls
11> c(geometrie).
{ok,geometrie}
12> % Berechnung der Gesamtfläche aller in der Liste befindlichen Figuren
12> geometrie:totaleFlaeche(Flächen).
253.650295
```

Listing 10: Anwendung der Funktion totaleFlaeche()

Eine Übersicht über alle Funktionen der Erlang Standardbibliothek kann unter http://erlang.mirror.libertine.org/documentation/doc-5.6.2/doc/permuted_index/ pidxa.html abgerufen werden.

4.6.2 Kontrollstrukturen

Erlang stellt an sich nur rudimentäre Kontrollstrukturen wie if- bzw. case-Ausdrücke zur Verfügung. Nachfolgend wird die oben definierte Flächenfunktion mittels case Konstrukt dargestellt:

```
flaeche(Figur) ->
    case(Figur) of
        {rechteck, Laenge, Breite} -> Laenge * Breite;
        {kreis, Radius} -> Radius * Radius;
        {quadrat, Seite} -> Seite * Seite
    end.
```
Listing 11: Verwendung von case-Konstrukten in flaeche()

4.7 Error Handling

Erlang unterstützt ähnlich wie andere konventionelle Sprachen das Error Handling mittels Exceptions. In Erlang werden Exceptions mit dem Befehl throw() geworfen und können innerhalb try/catch Ausdrücken abgefangen werden.

Die Flächenfunktion könnte mittels Exceptions folgendermaßen robuster gestaltet werden:

```
flaeche(Figur) ->
    case(Figur) of
        {rechteck, Laenge, Breite} -> Laenge * Breite;
        {kreis, Radius} -> Radius * Radius;
        {quadrat, Seite} -> Seite * Seite;
        % Verwendung der anonymen Variable _ um alle anderen Fälle abzudecken
        _ -> throw('undefinierter Figurentyp uebergeben.')
    end.
```
Listing 12: flaeche() mit Exceptions

Der Aufruf der Flächenfunktion stellt sich wie folgt dar:

```
20> % Aufruf der Funktion vor Änderung
20> geometrie:flaeche(122).
** exception error: no case clause matching 122
    in function  geometrie:flaeche/1
21> % Ändern der Funktion in geometrie.erl und neukompilieren des Moduls
21> c(geometrie).
{ok,geometrie}
22> geometrie:flaeche(122).
** exception throw: 'undefinierter Figurentyp uebergeben.'
    in function  geometrie:flaeche/1
```
Listing 13: Aufruf der neuen Funktion flaeche()

Nun wird versucht die Exception in einer anderen Funktion flaecheMitTryUndCatch abzufangen und eine andere Fehlermeldung auszugeben:

```
flaecheMitTryUndCatch(Figur) ->
  try flaeche(Figur)
  catch
      throw:_Exception -> io:format("Es wurde flaeche() mit einem undefiniertem
Figurentyp aufgerufen.")
  end.
```

Listing 14: Funktion flaecheMitTryUndCatch()

Daraus ergibt sich folgender Output:

```
23> geometrie:flaecheMitTryUndCatch(122).
Es wurde flaeche() mit einem undefiniertem Figurentyp aufgerufen.
```

Listing 15: Aufruf der Funktion flaecheMitTryUndCatch()

Das nun abgeschlossene Kapitel sollte als Einführung in die Syntax von Erlang dienen und die wichtigsten Sprachkonstrukte vorstellen. Für eine detaillierte Darstellung weiterer Funktionen und Sprachkonstrukte wie beispielsweise Records oder Accumulators sei auf die Erlang-Homepage - http://www.erlang.org/ - verwiesen.

5 verfügbare Programmierumgebungen

Eine komfortable IDE ähnlich zu konventionellen Programmiersprachen wie C++ oder Java ist für Erlang leider (noch) nicht verfügbar. Standardmäßig wird eine Sammlung verschiedener Tools, die teilweise auch über eine grafische Oberfläche verfügen mitgeliefert. Darüber hinaus existieren die Projekte Erlybird (basiert auf Netbeans) und Erlide (ist ein Eclipse-Plugin). Erlybird konnte leider nicht getestet werden, da seit einiger Zeit der Download-Server nicht verfügbar ist. Eine kurze Übersicht über Erlide wird am Ende dieses Kapitels gegeben.

5.1 Standard-Programmierumgebung

Die mitgelieferte Standard-Programmierumgebung besteht im Wesentlichen aus der Erlang Shell, die zum Kompilieren von Erlang Modulen und der interaktiven Ausführung von Erlang Code dient. Die Shell läuft laut Angaben des Herstellers unter Linux, MacOS-X und Windows. Von den Autoren wurde nur die Windows Version getestet, die sich als stabil und problemlos erwies.

Zum Editieren der Scripts wird kein spezieller Editor mitgeliefert. Es kann aber jeder beliebige Texteditor dafür verwendet werden. In der Community wird häufig Emacs als Standardeditor verwendet, für den es spezielle Erlang-Modes gibt.

Eine weitere Möglichkeit ein Erlang-Programm ohne vorheriges kompilieren auszuführen bietet Escript. Durch Escript ist es möglich Erlang-Programme transparent und direkt von einer Unix-Shell auszuführen. Für Windows ist dies momentan noch nicht möglich.

5.2 Erlide

Erlide ist eine auf Eclipse basierende Erlang IDE die sich momentan laut Entwicklern im Alpha Status befindet. Eine erste Beta Version ist für das Ende des zweiten Quartals 2008 angepeilt. Die Installation erfolgt über eine unter http://erlide.sourceforge.net/update zur Verfügung gestellte Update-Site.

Durch kurzes Antesten der IDE konnten folgende Vor- und Nachteile festgestellt werden:

+ Eclipse Workspace Verwaltung: Bequemes Einrichten von neuen Erlang Projekten und einfaches Erzeugen und Kompilieren von neuen Modulen.

+ Integrierte interaktive Console - allerdings schlug das Starten eines einfachen Erlang Programmes fehl.

– keine Debuggingmöglichkeiten

– kein Code-Coloring im Editor

Im momentanen Alpha-Status ist die IDE damit nur sehr eingeschränkt benutzbar, aber die Möglichkeiten welche die Eclipse-Plattform bietet, lassen darauf hoffen in naher Zukunft eine sehr komfortable IDE verfügbar zu haben.

6 Unterschiede zu weitverbreiteten Sprachen

In diesem Kapitel sollen nun die Unterschiede zu konventionellen Sprachen wie Java und C++ kompakt und übersichtlich dargestellt werden.

Variablen haben konstanten Inhalt:

Wie im Kapitel Syntax beschrieben können Variablen in Erlang nur einmal an einen Wert gebunden werden.

anonyme Variablen:

Anonyme Variablen dienen beim Pattern Matching als eine Art Wildcard Operator. Sie werden immer dann verwendet, wenn auf den Wert der Variablen nicht zugegriffen werden muss. Da man nicht mehr auf ihren Wert zugegriffen werden kann, können anonyme Variablen mehrmals verwendet werden.

keine Objekte wie in C++/Java aber strukturierte Datentypen:

Zwar unterstützt Erlang keine Kapselung von Daten/Code wie objektorientierte Sprachen, allerdings können mit Hilfe der mitgelieferten Funktionen der Standardbibliothek und der mächtigen Listen komplexe Aufgaben mit sehr wenigen Codeanweisungen bewältigt werden.

Schleifen:

Erlang stellt an sich keine Schleifen zur Verfügung, diese werden im Standardmodul lib_misc über Listen emuliert. Eine weitere Möglichkeit stellt die Realisierung von Schleifen über Rekursion dar. Im Normalfall werden hier aus Performance-Gründen Endrekursionen verwendet.

hervorragende Unterstützung von Bit-Operationen:

Bisher noch nicht erwähnt ist die native und hervorragende Unterstützung von Erlang für Bit-Operationen. [Vgl. Armstrong 2007, S. 78ff]

native Unterstützung von parallelen und verteilten Programmierparadigmen:

Wie in den nächsten Kapiteln noch näher erläutert wird, unterstützt Erlang out-of-the-box parallele Prozesse und Netzwerkfunktionalität.

7 Paradigmen in Erlang

In diesem Kapitel wird die Programmiersprache Erlang in Hinsicht auf die zugrunde liegenden Programmierparadigmen untersucht. Hierzu werden aufgrund ihrer Relevanz für Erlang ausgewählte Programmierparadigmen anhand der vorhandenen wissenschaftlichen Literatur charakterisiert und präzisiert. Im Anschluss daran soll gezeigt werden, wie Erlang die theoretischen Anforderungen dieser Paradigmen durch seine Eigenschaften erfüllt oder verletzt.

7.1 Ausgewählte Programmierparadigmen

Dieser Abschnitt beschäftigt sich mit der theoretischen Beschreibung der für Erlang relevanten Paradigmen der funktionalen, nebenläufigen und verteilten Programmierung. Die vorerst rein theoretische Behandlung der relevanten Paradigmen, ohne einen direkten Bezug zu Erlang herzustellen erscheint notwendig, da an manchen Stellen selbst in der wissenschaftlichen Literatur oft differenzierte Ansichten [vgl. Sabry 1998] über die exakte Definition und Abgrenzung von Programmierparadigmen herrschen.

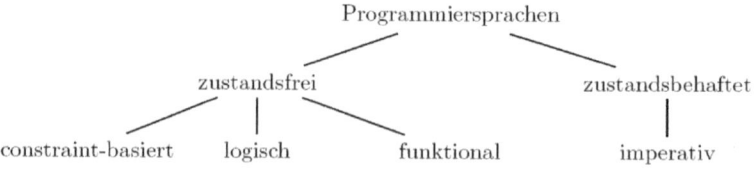

Abbildung 1: Klassifizierung von Programmiersprachen [Grabmüller 2003, S. 12]

Gemäß obiger Abbildung sind Programmierparadigmen grundsätzlich in Hinsicht auf ihre Zustandsfreiheit bzw. Zustandsbehaftetheit zu unterscheiden. Zustandsbehaftete Programmierparadigmen sind meist imperativ, in der Klasse der zustandsfreien Sprachen wird grob zwischen Constraint-basierten, logischen und funktionalen Sprachen unterschieden.

Im Folgenden soll näher auf die funktionale, nebenläufige und verteilte Programmierung eingegangen werden, da diese die drei Hauptparadigmen der Programmiersprache Erlang darstellen.

7.1.1 Funktionale Programmierung

Funktionale Programmiersprachen im allgemeinen Sinn sollen für diese Arbeit gemäß der Definition von [Grabmüller 2003] folgende Eigenschaften besitzen: Die Definition, Applikation und Komposition von Funktionen sowie Funktionen höherer Ordnung stehen zur Verfügung und stellen die wichtigsten Mechanismen der Programmierung dar.

Ein wesentliches Merkmal einer funktionalen Sprache ist die "Reinheit" beziehungsweise die Abwesenheit von Seiteneffekten. In diesem Sinne "reine" funktionale Sprachen betrachten referenzielle Transparenz oft als ein wichtiges Kriterium, da diese Korrektheitsbeweise und Programmtransformationen erheblich vereinfacht. Funktionale Sprachen, die Seiteneffekte erlauben, bieten dieses Prinzip nicht an.

[Sabry 1998] definiert ein präzises Kriterium für rein funktionale Sprachen: "A language is purely functional if (i) it includes every simply typed Lamda-calculus term, and (ii) its call-by-name, call-by-need, and call-by-value implementations are equivalent (modulo divergence and errors). [Sabry 1998, S. 2]

Allgemein funktioniert die Ausführung funktionaler Programme durch Termreduktion, ein Ausdruck wird also durch das Programm mit einer Menge von Termersetzungsregeln umgeformt, bis der Ausdruck eine Form erreicht hat, die nicht weiter reduzierbar ist. Diese nicht weiter reduzierbare Form wird auch Normalform genannt. Die Anwendung deterministischer Termersetzung hat den Vorteil, dass sie sich effizient ausführen lässt.

Wichtig für funktionale Sprachen ist die Anwendung algebraischer Datentypen, die durch ihre Konstruktoren definiert werden und rekursive Summen- oder Produkttypen sein können. Anhand der Struktur der zu bearbeitenden Daten können darauf aufbauend mithilfe von Pattern Matching Funktionen definiert werden.

Probleme ergeben sich allerdings bei der Anbindung funktionaler Sprachen an externe Systeme. Diese Probleme werden zu einem späteren Zeitpunkt in dieser Arbeit genauer behandelt.

Die Beschränkung auf rein deterministische Reduktionen erzeugt gegenüber logischen Programmiersprachen den Nachteil, dass Nichtdeterminismus explizit nachgebildet werden muss, und Probleme mit mehreren Lösungen (beispielsweise Such- oder Planungsprobleme) umständlicher lösbar macht als etwa durch die Verwendung logischer Sprachen. [vgl. Grabmüller 2003, S.9 f]

7.1.2 Nebenläufige Programmierung

Das Paradigma der nebenläufigen oder parallelen Programmierung ermöglicht, ein Programm auf mehrere, konzeptionell voneinander unabhängige Stränge aufzuteilen. Nebenläufigkeit kann entweder auf einer sequenziellen Maschine simuliert werden oder tatsächlich auf mehreren Prozessoren gleichzeitig stattfinden. [Grabmüller 2003] unterscheidet bei der Parallelverarbeitung zusätzlich zwischen Datenparallelität (ein Programm arbeitet auf mehreren Daten gleichzeitig) und Taskparallelität (mehrere unterschiedliche Teilprogramme werden abgearbeitet). Die Taskparallelität führt dazu, dass die einzelnen Programme untereinander kommunizieren müssen, wodurch einige Parallelen zur verteilten Programmierung entstehen.

Als spezielles Problem nebenläufiger Anwendungen stellt sich die Synchronisation von Abläufen voneinander unabhängiger Prozesse und den von diesen verwendeten Daten dar. Ein zusätzliches Problem bei der Fehlersuche solcher Programme ist die Schwierigkeit, den genauen Ablauf eines Programms vorherzusehen. Sogenannte "Race conditions", in denen sich zwei konkurrierende Signale ein "Wettrennen" mit ungewissem Ausgang liefern, können mitunter schwer aufzufindende beziehungsweise oft nicht verlässlich reproduzierbare Fehler hervorrufen. So können minimale Programmänderungen der einzelnen Stränge (z.B. Ausgabe des Programmzustands) das Fehlerverhalten fundamental ändern ohne dass ein direkter kausaler Zusammenhang zwischen der Änderung im Code und dem neuen Fehlerverhalten ersichtlich wäre. [vgl. Grabmüller 2003, S. 15]

7.1.3 Verteilte Programmierung

Verteilte Programme werden auf mehreren Prozessoren oder Rechnern verteilt ausgeführt. Die einzelnen Rechner/Prozessoren können dabei sowohl gleiche oder unterschiedliche Programmteile ausführen als auch auf denselben oder verschiedenen Daten operieren. Charakteristisch für die verteilte Programmierung ist, dass zur

Steuerung des Programm- und Datenflusses Kommunikation zwischen den einzelnen Programmteilen stattfinden muss.

Die Kommunikation zwischen den Programmteilen kann dabei durch Nachrichtenaustausch oder durch Zugriff auf gemeinsamen Speicher stattfinden. Der Zugriff auf gemeinsamen Speicher bietet sich an, wenn die einzelnen Prozessoren physikalisch eng miteinander in Verbindung stehen. Wenn die Kommunikation über ein Netzwerk mehrerer verbundener Rechner stattfindet werden meist Nachrichten verschickt. In Analogie zur nebenläufigen Programmierung muss ein verteiltes Programmiersystem Mechanismen zur Verfügung stellen, mit denen einzelne Programmstränge synchronisiert werden können.

Für den Einsatz von verteilten Systemen spricht der Gewinn an Ablaufgeschwindigkeit, der durch die Aufteilung der Rechenlast auf mehrere Prozessoren erzielt wird. Diese Geschwindigkeitsvorteile lassen sich allerdings nur erzielen, wenn sich das zu berechnende Problem in geeigneter Form aufteilen lässt ohne dass dabei durch vermehrten Kommunikationsaufwand die erzielte Geschwindigkeitssteigerung wieder gebremst wird.

Die Erstellung verteilter Anwendungen erfordert oft grundsätzlich verschiedene Algorithmen und Problemlösungsstrategien als in der gewohnten sequentiellen Programmierung. Ebenso wie in der nebenläufigen Programmierung (siehe oben) kann der detaillierte Programmablauf von vielen Faktoren (etwa Latenzzeiten bei Nachrichtenübertragung im Netzwerk) beeinflusst und daher schwer vorhergesehen werden. [vgl. Grabmüller 2003 S. 15]

7.1.4 Kombination funktionaler und imperativer Programmiersprachen

Die Eigenschaft der Zustandsfreiheit von funktionalen Programmiersprachen erschwert die unmittelbare Einbettung in eine zustandsbehaftete Umgebung, wie etwa ein Betriebssystem. Um funktionale Programme mit realen, nichtdeterministischen Umgebungen kombinieren zu können ist daher ein Mechanismus notwendig, der das imperative mit dem funktionalen Paradigma verbindet.

Eine mögliche Lösung stellt das Zulassen von veränderbaren Variablen dar. Sprachen, welche diese Lösung einsetzen verletzen allerdings das funktionale Paradigma.

In Haskell wird daher beispielsweise das Konzept eines Programmzustandes mittels Monaden eingeführt, die den Kontrollfluss so serialisieren, dass die referenzielle Integrität gewahrt wird.

Will man also die Vorteile des Funktionalen Programmierparadigmas zur Bearbeitung von zustandsbehafteten Problemen (z.B. Verwendung der Systemzeit) verwenden, müssen dafür meist Kompromisse eingegangen werden, die das rein funktionale Paradigma notwendigerweise verletzen bzw. einschränken. [vgl. Grabmüller 2003 S. 19]

7.2 Realisierung von Paradigmen in Erlang

"Erlang ist eine nebenläufige und verteilte funktionale Sprache." [Sahlin 1996]. Es handelt sich um keine logische Programmiersprache. Erlang verfügt über eine dynamische Typisierung, es werden also nicht die Variablen typisiert sondern die Werte, die zur Laufzeit einmalig an diese Variablen gebunden werden.

Die Nebenläufigkeit wird durch das Erzeugen neuer Prozesse, das Versenden von Nachrichten zwischen diesen Prozessen und dem nichtdeterministischen Empfang mittels receive-Anweisungen ermöglicht. Die Verteiltheit wird durch die optionale Angabe des Rechners angeboten, auf dem ein neuer Prozess ausgeführt werden soll. Die Prozesskommunikation findet zwischen nebenläufigen und verteilten Prozessen in gleicher Weise statt. [Grabmüller 2003, S. 29f]

Ein- und Ausgaben sind in Erlang nicht deklarativ. Das rein funktionale Paradigma wird über die Möglichkeit, mithilfe der Standardbibliothek globale und veränderbare Variablen anzulegen verletzt. [Armstrong 2007] warnt aber angesichts des Verlusts der Zustandsfreiheit davor, diese Konstrukte zu anderen Zwecken als dem Debugging einzusetzen. [Armstrong 2007, S. 105]

7.2.1 Erlangs funktionale Eigenschaften

Erlang ist in erster Linie auf die Paradigmen der Parallelität und Verteiltheit ausgerichtet. Die ursprüngliche Inspiration für funktionale Programmierung entstammt zwar der Mathematik und wurde im Hinblick auf Korrektheitsbeweise entworfen, Erlang nutzt die Vorteile funktionaler Programmierung allerdings in erster Linie zur Verhinderung von Fehleranfälligkeit in parallelen Anwendungen.

Dem Funktionalen Paradigma entsprechend sind Variablen in Erlang nicht mit dem Variablenbegriff zustandsbehafteter Programmiersprachen vereinbar. Die Variablen gelten eher als Variablen im mathematischen Sinn: Sie sind "single assignment variables", also nur einfach zuweisbare Variablen. [Vgl. Armstrong 2007, S.16f]

Diese Eigenschaft erfordert zwar starkes Umdenken für Programmierer, die den Umgang mit zustandsbehafteten Sprachen wie C oder Java gewohnt sind, bietet allerdings einige Vorteile: Durch die einmalige Zuweisung eines Werts zu einer Variablen sind Fehler im Programm äußerst schnell zu finden. Wenn ein Fehler in dem Sinn auftritt, dass eine Variable einen unerwarteten Wert hat, muss nur diese eine Stelle gefunden werden, an der diese Variable gebunden wird und der Fehler sollte schnell lokalisiert sein.

Speziell im Hinblick auf Parallelisierung ist diese Eigenschaft hilfreich, da „Race Conditions", also Fehlerzustände die durch Abhängigkeit von zeitlichen Abfolgen in parallelen Prozessen entstehen, von vornherein ausgeschlossen sind. Auch das Locken von geteiltem Speicher während des Zugriffs verschiedener Threads fällt weg. Dies verhindert Fehler und verbessert die Performance. Dieser Vorteil wird weiter verstärkt, wenn die parallelen Prozesse (Parallelität) auch noch auf verschiedene Prozessoren aufgeteilt werden (Verteiltheit):

"When it comes to programming multicore CPUs, the consequences of having immutable state are enormous." [Armstrong 2007, S.21]

Eine weitere zentrale Eigenschaft funktionaler Programmiersprachen ist die Fähigkeit des Pattern Matching. Wie bereits im Anfangskapitel beschrieben, ist der '=' Operator kein Zuweisungsoperator, sondern in erster Linie der Pattern Matching Operator, der nur im Ausnahmefall eine Zuweisung durchführt.

In Verbindung mit der Eigenschaft, dass Funktionen wiederum Funktionen als Parameter annehmen können, ermöglicht das Pattern Matching von Listen einige interessante Anwendungen:

```
1> Fruit = [apple, pear, orange].
[apple,pear,orange]
2> MakeTest = fun(L) -> (fun(X) -> lists:member(X, L) end) end.
#Fun<erl_eval.6.56006484>
3> IsFruit = MakeTest(Fruit).
#Fun<erl_eval.6.56006484>
4> IsFruit(apple).
true
5> IsFruit(orange).
true
6> IsFruit(dog).
false
7> lists:filter(IsFruit, [dog,orange,cat,apple,bear]).
[orange,apple]
```
Listing 16: Pattern Matching in Funktionen [Armstrong 2007, S. 45]

Im obigen Beispiel wendet die Funktion MakeTest() die übergebene Funktion IsFruit() auf eine Liste von Atome an. In der Ergebnisliste stehen nur jene Atome, bei denen IsFruit() true zurückgibt.

Eine der ersten Fragen, die sich für einen Programmierer von bisher rein zustandsbehafteten Programmiersprachen aufdrängt, ist die Realisierung von for-Schleifen, wenn eine Verwendung von Laufvariablen ausgeschlossen ist.

Pattern Matching, Listenoperationen und die Möglichkeiten Funktionen als Funktionsparameter zu übergeben, ermöglichen eine for-Schleife zu simulieren:

```
%lib_misc.erl
for(Max, Max, F) -> [F(Max)];
for(I, Max, F)   -> [F(I)|for(I+1, Max, F)].

%shell
1> lib_misc:for(1,10,fun(I) -> I end).
[1,2,3,4,5,6,7,8,9,10]
```
Listing 17: Rekursive for-Schleife in Erlang [Armstrong 2007, S. 47]

Die obere for(...) Deklaration gilt für den Fall, dass I bereits den Wert von Max erreicht hat und stellt das Ende der Rekursion dar. Die untere ruft im Fall, dass I != Max ist die Funktion F auf und erzeugt einen rekursiven Aufruf der Restschleife mit inkrementiertem I. Sehr elegant ist hier der Einsatz des Pattern Matching zur

Terminierung der Rekursion. Im Beispiel werden 1, 10 und eine Funktion zur Ausgabe des aktuellen Wertes übergeben. Dies führt zur Ausgabe einer Liste, die die Werte von 1 bis 10 enthält.

Auch wenn dieses Beispiel zeigt, wie man gewohnte Kontrollstrukturen des imperativen Paradigmas in einer funktionalen Umgebung realisieren kann ist diese Art der for-Schleife für die Programmierung in Erlang eher irrelevant. Schleifenkonstrukte werden in Codebeispielen meist mittels Endrekursionen realisiert. (siehe Codebeispiel).

7.2.2 Erlangs nebenläufige Eigenschaften

Erlang definiert zur Realisierung von Nebenläufigkeit seine eigenen Prozesse. Prozesse sind als leichtgewichtige, exklusive Virtuelle Maschinen zu verstehen, die Erlang Funktionen auswerten können. Eine wichtige Eigenschaft der Prozesse in Erlang ist, dass die Prozesse auf Ebene der Programmiersprache realisiert sind und nicht von der Prozessunterstützung des zugrundeliegenden Betriebssystems abhängen:

"In Erlang processes belong to the programming language and NOT the operating system." [Armstrong 2007, S. 133]

Daraus ergeben sich folgende Vorteile:
- Schnelles anlegen und zerstören von Prozessen
- Schnelles Austauschen von Nachrichten zwischen Prozessen
- Gleiches Verhalten auf verschiedenen Betriebssystemen
- Hohe Anzahl möglicher paralleler Prozesse
- Prozesse greifen auf keinen geteilten Speicher zu und sind voneinander unabhängig

Die einzige Möglichkeit von Prozessen miteinander zu interagieren ist der Austausch von Nachrichten, Erlang wird daher manchmal auch als "pure message passing language" bezeichnet.

Die Unterstützung von Nebenläufigkeit wird in Erlang durch drei Sprachelemente ermöglicht:

- **spawn** (erzeugt einen neuen Prozess)
- **send** (sendet eine Nachricht)
- **receive** (empfängt eine Nachricht)

Client-Server Architekturen

Client-Server Architekturen sind für die hochkommunikative Sprache Erlang ein zentrales Konzept. Die Realisierung von sehr leichtgewichtigen Server Prozessen ist durch Verwendung der von Erlang bereitgestellten Sprachstrukturen zum Nachrichtenaustausch äußerst einfach zu bewerkstelligen. Detaillierte Beispiele zu realisierten Client-Server Systemen finden sich im folgenden Kapitel.

Dynamische Code Upgrades

Dynamische Code Upgrades werden in Erlang folgendermaßen ermöglicht: Wird anstatt der herkömmlichen Verwendung des spawn(Function) Befehls zur Erzeugung eines neuen Prozesses die folgende Variante mit zusätzlichen Argumenten verwendet. spawn(Mod, FuncName, Args) erzeugt einen Prozess mit explizitem Modul, Funktionsname und Argumentenliste. Wird nun der bestehende Code für das dem Prozess zugrundeliegende Modul verändert und neu kompiliert ist der Code dynamisch und zur Laufzeit der Anwendung übernommen.

Fehlerbehandlung

Fehlerbehandlung in nebenläufigen Programmen kann in Erlang durch das sogenannte Linking von Prozessen sichergestellt werden. Hierbei werden zwei Prozesse für deren Funktionalität es wesentlich ist, ob der jeweils andere Prozess noch "lebendig" ist miteinander verbunden um sich gegenseitig zu überwachen und auf den fehlerhaften Abbruch des jeweils anderen sinnvoll zu reagieren. Speziell im Hinblick auf redundante Systeme, bei denen ein zweiter Prozess permanent die Tätigkeit des ersten Prozesses überprüft und einspringt beziehungsweise die Kontrolle übernimmt sobald der erste fehlerhaft agiert ist dieses Konzept äußerst sinnvoll. Durch die einfache Möglichkeit, zwei solche Prozesse auf verschiedenen

Systemen auszuführen (siehe folgendes Kapitel) ist dieses worker-supervisor Modell in Erlang sehr einfach und effizient umsetzbar. [vgl. Armstrong 2007, S.133f]

7.2.3 Erlangs Eigenschaften verteilter Programmierung

[Armstrong 2007] behandelt 2 Hauptmodelle der Distribution in Erlang:

Distributed Erlang:

Eine Methode, bei der die Applikationen in einer Menge dicht miteinander vernetzter Maschinen verteilt sind. Ein Beispiel dafür wären Rechner in einem gemeinsamen LAN mit dem Ziel, ein bestimmtes Problem zu lösen. Die Erlang Programme laufen auf eigenen Erlang Nodes. Prozesse könne auf jedem neuen Knoten angelegt werden und sämtliche Funktionen zum Nachrichtenaustausch und zur Fehlerbehandlung funktionieren analog zur sequentiellen Erlang Programmierung. Distributed Erlang läuft sinnvoller weise nur in einem "trusted environment", da jeder Knoten jede beliebige Operation auf jedem anderen Knoten ausführen kann. Typischerweise läuft ein solches System daher auf Clustern im selben LAN hinter einer Firewall.

Socket-basierte Verteilung:

Mittels TCP/IP Sockets können verteilte Erlang Anwendungen in einem "untrusted environment" verteilt ausgeführt werden. Der Gewinn an Sicherheit bringt natürlich gewisse Einschränkungen gegenüber reinem Distributed Erlang mit sich.

Allokation verteilter Prozesse

Die Allokation der verteilten Prozesse funktioniert analog zum üblichen Umgang mit Prozessen in Erlang, der einzige Unterschied besteht darin, bei der spawn-Anweisung den Namen des Rechners anzugeben, auf dem der Prozess laufen soll. Zwischen den verteilten Prozessen können danach via remote procedure calls Nachrichten ausgetauscht werden, vorausgesetzt, die jeweiligen Firewall-Einstellungen der einzelnen Nodes lassen dies zu.

[Armstrong 2007] schlägt zur Entwicklung verteilter Systeme einen Testprozess mit folgenden Einzelschritten vor:

- Test der einzelnen Knoten auf einem nichtverteiltem Erlang System
- Testen der Applikation auf zwei Knoten, die auf demselben Rechner ausgeführt werden
- Test der Applikation auf zwei verschiedenen Knoten die auf jeweils eigenen Rechnern laufen
- Test der Applikation auf zwei verschiedenen Rechnern in jeweils eigener Domäne und eigenem Land

Zur Veranschaulichung der Distributivität wird ein Name-Server präsentiert, der als eigener Prozess Werte auf Schlüssel mappen kann (store) und diese Werte auch wieder zum Abruf anbietet (lookup).

```
%%kvs.erl (key-value-server)
- module(kvs)
- export[start/0, store/2, lookup/1]).

start() -> register(kvs, spawn(fun() -> loop() end)).

store(Key, Value) -> rpc({store, Key, Value}).

lookup(Key) -> rpc({lookup, Key}).

rpc(Q) ->
    kvs ! {self(), Q},
    receive
        {kvs, Reply} ->
            Reply
    end.
loop() ->
    receive
        {From, {store, Key, Value}} ->
            put(Key, {ok, Value}),
            From ! {kvs, true},
            loop();
        {From, {lookup, Key}} ->
            From ! {kvs, get(Key)},
            loop();
    end.
```

Listing 18: Key-Value-Server, [Armstrong 2007, S. 170ff]

start() erzeugt einen neuen kvs-Prozess und ruft loop() auf, eine Funktion die mittels Endrekursion eine Endlosschleife realisiert.

store(Key, Value) führt über einen Aufruf von rpc zum Senden einer Nachricht an den Server selbst. In loop() wird diese Nachricht empfangen, Key mit dem Tupel {ok, Value} belegt und das tupel {kvs, true} an den Server selbst geschickt. Diese Nachricht wird wiederum in der rpc(Q) Funktion empfangen. Dort wird das true, das in Reply zugewiesen wird als Bestätigung retourniert.

Lookup(Key) funktioniert analog, nur dass in den letzten beiden Schritten nicht true zurückgegeben wird, sondern das auf Key gemappte {ok, Value} Tupel.

Folgendes Listing zeigt einen lokalen Testlauf dieses Servers:

```
1> kvs:start().
true
2> kvs:store({location, holger}, "Wels").
true
3> kvs:store(weather, raining).
true
4> kvs:lookup(location, holger).
{ok,"Wels"}
5> kvs:lookup(weather).
{ok,raining}
6> kvs:lookup(location, perni).
undefined
```

Listing 19: lokaler Testlauf des Servers

Mit sehr einfachen Mitteln und kaum 15 Zeilen Code wurde also ein Key-Value Server realisiert, der Tupel beliebiger Komplexität auf beliebig komplexe Keys mappen kann.

Nun folgt ein Testlauf mit verschiedenen Nodes auf demselben Host:

```
erl -sname holger
(holger@localhost) 1> kvs:start().
true
```

Listing 20: Start Node 1

Der Prozess holger in eigener shell startet seinen kvs.

```
erl -sname perni
(perni@localhost) 1> rpc:call(holger@localhost,
                     kvs,store, [weather, fine]).
true
(perni@localhost) 2> rpc:call(holger@localhost,
                     kvs,lookup,[weather]).
{ok,fine}
Listing X: Testlauf des KVS auf verteilten Nodes
```

Listing 21: Start Node 2

Der Client Node "perni" erstellt via rpc(remote-procedure-call) das Tupel [weather, fine] und ruft den Wert über lookup wieder ab. Der Test der ersten verteilten Anwendung hat funktioniert.

In Stufe 3 wird die Kommunikation der Nodes auf verschiedenen Maschinen im gleichen, offenen LAN getestet:

```
holger $ erl -name server -setcookie abc
(server@holger.myerl.example.com) 1> kvs:start().
true
```

Listing 22: Nodes auf verschiedenen Maschinen

Auf Rechner holger wird der Server Node mit dem kvs-Prozess gestartet.

```
perni $ erl -name client -setcookie abc
(client@perni.myerl.example.com) 1> rpc:call(server@holger.myerl.example.com, kvs,
store, [weather, cold]).
true
(client@perni.myerl.example.com) 2> rpc:call(server@holger.myerl.example.com, kvs,
lookup, [weather]).
{ok,cold}
```

Listing 23: Testlauf KVS auf verteilten Rechnern

Erwähnenswert ist hier, dass die eigenen Nodes manuell mit einem cookie ausgestattet werden. Dieser cookie muss bei allen Rechnern auf denen die verteilte Erlang-Applikation läuft gleich lauten. Normalerweise wird er einem settings-file entnommen und zur Laufzeit gesetzt.

Die Kommunikation der Nodes über das Internet funktioniert analog zur soeben demonstrierten Vorgangsweise, es muss hierbei bloß darauf geachtet werden, dass der port 4369 für TCP und UDP Verkehr geöffnet ist, damit empd (Erlang Port Mapper Daemon) funktionieren kann.

Weitere Möglichkeiten der verteilten Programmierung umfassen das Senden einer Nachricht an einen bestimmten Prozess auf einem bestimmten Node mittels {ProzessName, Node} ! Msg sowie das Starten von eigenständigen Prozessen auf fremden Nodes von einem beliebigen Node aus.

Diese Art der verteilten Programmierung ist vorteilhaft, wenn die Applikation auf verschiedenen Rechnern ausgeführt wird, die alle demselben Besitzer zuordenbar sind. [vgl. Armstrong 2007, S.168ff]

7.3 In Erlang nicht realisierte Paradigmen

In diesem Kapitel werden zwei Programmierparadigmen im speziellen Hinblick auf Erlang behandelt und jeweils darauf eingegangen, warum sie in dieser Sprache nicht verfügbar beziehungsweise wenig sinnvoll sind:

7.3.1 Logische Programmierung

Auch wenn die Definition von Tupeln und Listen in Verbindung mit Pattern Matching und einigen List-Operatoren auf den ersten Blick an Paradigmen logischer Programmierung erinnern könnten ist Erlang prinzipiell nicht als logische Programmiersprache ausgerichtet. Durch Tupel und Listen könnten zwar über etwas umständliche Wege Mengen von Fakten und Regeln im Sinne logischer Programmiersprachen definiert und daraufhin ausgewertet werden, dies würde allerdings kaum Sinn ergeben. Typische Verfahren Logischer Programmiersprachen wie Resolution durch Unifikation und Substitution sowie eine Tiefensuche mittels Backtracking [vgl. Grabmüller 2003, S.10] sind gemäß der dieser Arbeit zugrunde liegenden Literatur keine immanente Funktion von Erlang.

7.3.2 Objektorientierte Programmierung

Das funktionale Paradigma schließt Objektorientierung im gewohnten Sinn definitiv aus. Eine wie in der Objektorientierung übliche Kapselung von Daten und Algorithmen macht alleine im Hinblick auf die Vermeidung von Seiteneffekten grundsätzlich keinen Sinn. Ein Vergleich der Prozesse mit der Unterstützung von Threads in gewohnten Sprachen wie Java oder C++ drängt sich zwar auf, erscheint allerdings durch die Ausrichtung Erlangs auf solche Anwendungen wenig sinnvoll. Der Verzicht auf Objekte und die Vermeidung von Zustandsbehaftetheit bringt bei der Anwendung paralleler Prozesse große Vorteile bei der Konsistenz und Fehlerresistenz, die mit einem objektorientierten Paradigma nur durch umständliches locking, queueing und dergleichen (immer noch nicht mit der selben Sicherheit) erreicht werden können.

8 Allgemeiner Nutzen von Erlang

Die beste Nutzbarkeit von Erlang ist - den Grundprinzipien der Sprache entsprechend - mit Sicherheit die Programmierung verteilter Anwendungen. Nach einer kurzen Eingewöhnungszeit ist es relativ einfach möglich verteilte Client-Server Anwendungen zu schreiben.

Inwieweit Erlang allerdings geeignet ist, sehr komplexe Systeme, die aus mehreren verschiedenen Komponenten bestehen zu ermöglichen bleibt jedoch offen. Gewohnte Denkmuster wie abstrakte Klassen, dynamische Bindung oder bewährte Objektorientierte Entwurfsmuster können nicht auf das funktionale Paradigma übertragen werden.

Es scheint aus der Sicht eines Programmierers, der bisher rein im objektorientierten Paradigma zu denken gewohnt war schwierig, komplexere Softwaresysteme mit einer funktionalen Sprache wie Erlang zu realisieren. Erstens fehlt die gewohnte Möglichkeit der Abstraktion, zweitens verlangt die extensive Nutzung von Rekursionen einiges Umdenken im Lösen von Problemen und ist auch dem Code-Verständnis wenig zuträglich.

Es ist mit Sicherheit festzustellen, dass Anwendungen, die ein hohes Maß an Kommunikation zwischen einzelnen Teilen erfordern, durch die sprachlichen Strukturen überraschend einfach und leicht verständlich in Erlang umgesetzt werden können.

9 Literaturverzeichnis

[Armstrong 2007] Armstrong, Joe. Programming Erlang, Software for a concurrent world. 2007.

[Grabmüller 2003] Grabmüller, Martin. Forschungsbericht: Multiparadigmen-Programmiersprachen. Technische Universität Berlin. http://uebb.cs.tu-berlin.de/~magr/pub/Multiparadigm-TR-2003-15.pdf zuletzt abgerufen: 10.05.2008. 2003.

[Sabry 1998] Sabry, A. What is a purely functional language. Journal of Functional Programming (8)-1:1-22. 1998.

[Sahlin 1996] Sahlin, D. The concurrent functional programming language Erlang. 1996.